Reiner Kunze

In Deutschland zuhaus

Funk- und Fernsehinterviews zu Fragen von Karl Corino,
Hannelore Gadatsch, Petra Herrmann, Wolfgang Kraus,
Klaus Sauer, Klaus Stephan und Jürgen P. Wallmann
(1977 - 1983)

15

Edition Toni Pongratz

Meinen Eltern

18. April 1977

Deutsches Fernsehen/ARD, Sendung »Report München«.
Moderation und Fragen: Klaus Stephan

Eine fertige Weltanschauung verträgt keine Dichtung.

Robert Musil

»Report München«, 18.4.1977

Sie sind am Mittwoch von der DDR in die Bundesrepublik Deutschland übergesiedelt. Was sind die Gründe, daß Sie und Ihre Familie die DDR verlassen haben?
Der erste Grund ist mein Gesundheitszustand. Mir hat kein Arzt in der DDR geraten, die DDR zu verlassen, aber die Ärzte haben mich wissen lassen, daß sie ratlos sind, wenn ich mich weiterhin in die Situationen begebe, in denen ich in den letzten Wochen, Monaten und Jahren, im letzten Jahrzehnt wiederholt gestanden habe. Einer sagte, wir können Sie nicht alle sechs Wochen an den Tropf hängen, und ich habe in der letzten Zeit immer häufiger am Tropf hängen müssen. Dies wäre der erste Grund, weshalb ich weggehen mußte, denn als Schriftsteller kann ich nicht gegen mein Gewissen schreiben und habe deshalb keine Wahl, ob ich mich diesen Situationen aussetze

oder nicht. Der zweite Grund: Ich hatte 1974 ein Gespräch auf höchster staatlicher Ebene. Nachdem in diesem Gespräch weder Lob, noch der Versuch der Bestechung, noch die Beschimpfung als Hysteriker und pathologischer Fall gefruchtet hatten - man wollte etwas von mir, das ich nicht tun konnte -, sagte mir mein Gesprächspartner: Dann kann ich Ihnen auch nicht mehr helfen, was dann auf Sie zukommt, das überleben Sie nicht ... Und diese Drohungen haben in der letzten Zeit in einer Weise zugenommen, daß wir nicht mehr abschätzen konnten, wie weit Wort und Tat voneinander entfernt sind. Bereits der kleinste Funktionär sah sich berufen, in diesen Tönen zu sprechen. Ein Beispiel: Der Verantwortliche für das kulturelle Leben im Kreis Greiz, ein Herr Herzog, sagte bei der Eröffnung der Ausstellung mit Werken eines jungen Graphikers: Das sieht ja aus wie Illustrationen zu Kunze. Da geht einem ja das Messer auf in der Hosentasche. - Und ein Funktionär, der sich öffentlich zu mir bekannt hatte - das gibt es auch -, wurde zur Staatssicherheit gebeten, und ihm wurde gesagt: Dieser Mann - also ich - hängt nur noch an einem seidenen Faden, und wann und wie wir den kappen, das ist nur noch eine Frage des Zeitpunkts und der Umstände. Wir empfehlen dir dringend, dich nicht mit an diesen Faden zu hängen. - Nun könnten, gestatten Sie, daß ich das hinzufüge, einige dieser Herren meinen, jetzt haben wir dem Kunze genügend Angst gemacht, nun ist er gegangen. So ist das nicht. Im Gegenteil. Es ist anders. Ich möchte meine Frau nicht unbedingt überleben, und meine Frau, die selbst Ärztin ist, hat unter diesen Umständen unsäglich gelitten. Sie hat Angst um mich gehabt, Jahre, und sie wäre kaputtgegangen. Ich habe aber nichts Kostbareres auf dieser Erde als meine Frau, und deshalb haben wir die DDR verlassen.

Herr Kunze, nach dem, was Sie erzählt haben, muß man die Frage stellen, warum Sie nicht früher gegangen sind, was man wahrscheinlich damit beantworten kann, weil es Ihnen schwergefallen ist. Aber es ist eine Antwort, die Sie geben müssen. Ist es Ihnen schwergefallen zu gehen?

Es ist uns unendlich leid um die vielen guten, gütigen Menschen, die wir zurücklassen mußten. An unsere Eltern in ihrem hohen Alter und an unsere Freunde dürfen wir gar nicht denken; wobei wir fortwährend an sie denken. Um alles andere ist es uns nicht leid. Von dort, und damit meine ich nicht die Himmelsrichtung, den Osten, und damit meine ich auch nicht das Staatsgebiet der DDR, und damit meine ich auch nicht die Gebiete der anderen Staaten dieser Hemisphäre, sondern ich meine das dort real existierende, jetzt dort real existierende gesellschaftliche System, von daher kommt kein neuer Anfang für die Menschheit, von daher nicht.

Herr Kunze, es ist anzunehmen, daß mehr Menschen in der geistigen Situation in der DDR leben und wahrscheinlich auch leiden, in der Sie sich befunden haben. Was sagen Sie diesen Menschen?

Ich kann ihnen nur sagen, wie wir dort gelebt haben: Die Erde ist überall schön. Man muß einander Zeichen geben, wer zu wem gehört, und man muß einander helfen, im richtigen Augenblick Kompromisse zu schließen, nämlich dann, wenn sie notwendig sind, um die menschliche Substanz zu bewahren, und Kompromisse nicht zu schließen, wo sie an die Substanz gehen, und man muß einander helfen, den Geist hochzuhalten, versuchen, Einblicke zu gewinnen in die Dinge, die sich im geistigen Leben in der Welt abspielen. Wir sind so reich an Wundern, die uns die Menschen, die vor uns lebten, hinterlassen haben - in der Musik zum Beispiel und in der Malerei, und auch an Wundern der Natur. Man muß einander helfen, die Augen zu öffnen und von diesen Wundern zu sehen, was die Wimper hält.

Das hört sich an, als hätten Sie dort nicht in der Realität gelebt, aber die Realität hat doch zumindest in dem Augenblick für Sie begonnen, als sie nach dem Einmarsch der Truppen des Warschauer Paktes in die Tschechoslowakei aus der SED ausgetreten sind.

Es hat wesentlich früher begonnen, 1959, als ich von der Universität weggegangen bin, nachdem für mich die Stunde Null gekommen war, nachdem ich begriffen hatte, daß es nur darum geht, das Prinzip durchzusetzen, sei es auch über den Menschen hinweg ... Es geht nicht um den Menschen, es geht um das Prinzip, und das Prinzip heißt: die Macht.

Herr Kunze, wie wird es jetzt mit Ihnen weitergehen? Sind Sie Emigrant, obwohl Sie innerhalb der eigenen Sprache geblieben sind?

Nein, ich fühle mich nicht als Emigrant. Wir werden das erst einmal ganz schnell praktisch zu realisieren versuchen, daß wir gar nicht das Gefühl bekommen, hier in der Fremde zu sein. Wir sind erstens schon von Freunden aufgenommen worden. Wir werden schnell versuchen, für meine Frau einen Arbeitsplatz zu finden und eine Wohnung für uns. Dann, wenn es geht, ich weiß nicht, ob wir uns das finanziell leisten können, vier Wochen gesünder werden, und dann wird es lange Zeit still um mich werden. Mir ist oft schon gesagt worden, du mußt, was weiß ich, alle zwei Jahre ein Buch bringen, damit du am Fenster bleibst. Ich habe mich nie darauf eingelassen. Es kommt für einen Schriftsteller nicht darauf an, am Fenster zu stehen, sondern Bücher zu schreiben, und meine Freunde in der DDR sollen sich dadurch nicht irritieren lassen, wenn es still wird um mich. Eine Zeitung schrieb gestern: Kunze hat resigniert. - Nein, wir haben diesen Anfang noch einmal gewagt, eben um nicht resignieren zu müssen.

16. Oktober 1979

Deutsches Fernsehen/ARD, Sendung »Report Baden-Baden«.
Moderation: Franz Alt. Fragen: Hannelore Gadatsch

Denn es gehört zu den geheimnisvollen Gesetzen des Lebens, daß wir seiner wahren und wesentlichen Werte immer erst zu spät gewahr werden: der Jugend, wenn sie entschwindet, der Gesundheit, sobald sie uns verläßt, und der Freiheit, dieser kostbarsten Essenz unserer Seele, erst im Augenblick, da sie uns genommen werden soll oder schon genommen worden ist.

Stefan Zweig

Moderator: *Dieser Mann, der beide deutsche Staaten kennt, ist er hier heimisch geworden, hat er bei uns eine Heimat gefunden?*

Wir fühlen uns hier wieder zuhaus ... Heimat ist für mich zuerst einmal dort, wo meine Frau ist, und wo ich Menschen finde, die ich schätze und gern habe. Dazu kommt, wenn Sie zwanzig oder fünfzehn Jahre unter psychischen Bedingungen gelebt haben wie wir, unter solchem Druck, mit solchen Ängsten, mit solchen Sorgen, existentiellen Sorgen, dann wird Ihnen auch ein Landstrich, den Sie erst seit zwei Jahren bewohnen, wieder zur Heimat, wenn Sie hier aufatmen, wenn Sie hier durchatmen können.

Ist es Ihr Vaterland?

Mein Vaterland ist Deutschland.

... Was waren für Sie wichtige Erfahrungen im Erleben der Bundesrepublik?

Am Montag war ich in München in einer Buchhandlung. Eine der jungen Buchhändlerinnen fragt mich: »Na, wo gefällt's Ihnen denn jetzt besser, drüben oder hier?« Was will man auf eine so globale Fragen antworten? Ich sagte: »Na, hier.« Sie nimmt es als selbstverständlich, daß ich das ironisch meine, denn sie antwortet: »Das wollte ich auch meinen, daß es Ihnen drüben besser gefallen hat als hier.« Und damit komme ich zu einem für mich ganz wichtigen Eindruck, den ich hier gewonnen habe: Sie wissen nicht, was sie haben. Sie wissen nicht, was sie an grundlegenden Freiheiten haben und an geistigen Möglichkeiten, die sich aus diesen Freiheiten ergeben. Es geht mir gar nicht um die materiellen Möglichkeiten - oder um sie nur insofern, als sie Möglichkeiten für den Geist schaffen. Was mich sehr, was mich wirklich bedrückt, ist die Anmaßung. Sie urteilen, ohne zu kennen. Sie kennen das Leben in der DDR, in der Tschechoslowakei, im Osten nicht. Ich kann es ihnen auch nicht verdenken, daß sie es nicht kennen. Das Leben in der DDR kann nur einer kennen, der dort gelebt hat, der es gelebt hat als DDR-Bürger auf Lebenszeit, der dort die Kinder in die Schule geschickt hat, der in all diesen Konflikten gestanden hat, die man als Besucher nicht sieht. Aber wenn ich dieses Leben nicht kenne, dann muß ich zumindest schweigen. Und sie urteilen, ohne sich zu informieren.

Wo sehen Sie bei uns Gefahren?
... Ich habe einmal ein Gedicht geschrieben, das ist 1970, glaube ich, hier veröffentlicht worden, und es betrifft mein Erleben drüben. Dieses Gedicht endet mit den Zeilen: »Für die Sicherung der Macht auch ewige Finsternis.« Ohne davon etwas zurückzunehmen, würde ich das hier so formulieren: »Für die Sicherung des Geldes auch ewige Finsternis.« Es wird soviel getan, um den finanziellen Gewinn zu sichern, koste es im Menschen, *im* Menschen, was es wolle. Das heißt nicht - damit Sie mich nicht mißverstehen -, daß ich gegen die soziale Marktwirtschaft bin, ganz im Gegenteil. Aber ich bin für Verantwortung dem Menschen gegenüber.

... Günter Grass, Herr Kunze, hat vor wenigen Tagen gesagt, die nach dem zweiten Weltkrieg in beiden Staaten wiedererstandene Literatur sei mit das letzte Gesamtdeutsche, was wir haben. Die Politiker wüßten allerdings sehr wenig damit anzufangen, und das gilt für Politiker in beiden Staaten. Würden Sie das unterstreichen?
Da kann ich ihm nur beipflichten. Ich würde vielleicht noch hinzusetzen, daß zum Gemeinsamen, das wir haben, auch die Sprache gehört, die wir auf der Straße sprechen. Denn auch in der Umgangssprache - jetzt abgesehen von den Dialekten und Jargons, die gesprochen werden - in der Umgangssprache bleibt ebenfalls unzerstörbar, was an Mentalität, an geistiger Kultur und Tradition in einem Volk gewachsen ist.

Es gibt also noch eine gemeinsame Sprache in beiden Staaten. Ist das nicht eine Hoffnung für uns, besonders wenn man an die Umfrageergebnisse denkt, wonach immer weniger Bundesbürger und besonders junge Leute über die Realitäten in der DDR Bescheid wissen?
Ja, das ist bestimmt eine große Hoffnung. Das ist überhaupt *die* Hoffnung ... Die Sprache ist die Brücke.

27. Oktober 1981

Westdeutscher Rundfunk, 3. Programm, Sendung »Mosaik 2«. Fragen: Jürgen P. Wallmann

... geben sie mir das beste Clavier von Europa, und aber leüt zu zuhörer die nichts verstehen, oder die nichts verstehen wollen, und die mit mir nicht Empfinden was ich spiele, so werde ich alle freüde verlieren.

Wolfgang Amadeus Mozart

Herr Kunze, mehr als vier Jahre nach Ihrer Übersiedlung aus der DDR in den Westen ist kürzlich Ihre erste hier entstandene Buchpublikation herausgekommen, der Gedichtband »auf eigene hoffnung«. Er erscheint fünf Jahre nach Ihrem Prosabuch »Die wunderbaren Jahre« und neun Jahre nach dem Lyrikband »Zimmerlautstärke«. Hier im Westen treffen Sie auf ein anderes Publikum mit anderen Leseerwartungen als in der DDR. Hat das Ihr Schreiben beeinflußt - oder denken Sie beim Schreiben nicht an die Leser?

Jeder Leser hat seine eigenen Erwartungen. An welchen Leser sollte ich mich halten? Abgesehen davon, daß ich nur die wenigsten kenne. Ein Autor denkt an die Leser, indem er an sein Buch denkt. Das Buch sucht sich dann seine Leser - hier wie dort, hier und dort.

Mir scheint eine Kontinuität erkennbar zu sein, die Ihre neuen Gedichte mit dem früheren Werk verbindet, formal und thematisch. Hätten Sie diese neuen Gedichte auch in der DDR schreiben können?

Nein. Einer, der durchatmet, erlebt die Welt anders als einer, den man würgt. Außerdem habe ich hier Erlebnisse, die ich in der DDR nicht hätte haben können. Wenn Sie Kontinuität feststellen, ist das kein Widerspruch. Der Autor ist derselbe.

Ein Kapitel Ihres neuen Gedichtbuches hat als Motto ein Wort des Erasmus von Rotterdam: »Von niemandem vereinnahmbar«. Welche Gefahren der Vereinnahmung sehen Sie, drüben und hier? Denken Sie an die Politik, an den Literaturbetrieb?

Versuche, jemanden zu vereinnahmen, gibt es in allen Lebensbereichen. Die Gefahren liegen zum einen in den Verlockungen, also in den Möglichkeiten, die einem geboten werden, wenn man bereit ist, sich vereinnahmen zu lassen, und sie liegen zum anderen in der Angst vor den Folgen, wenn man sich widersetzt. Die Art der Folgen ist in der DDR gewiß anders als hier. Dort sind die Vereinnahmer an der Macht, hier haben sie nur Macht. Aber es genügt publizistische Macht, um das Leben eines Menschen zu zerstören.

Dem neuen Buch ist das Wort von Gottfried Benn über die Resignation vorangestellt. Können Sie das erläutern? Steht Resignation nicht im Widerspruch zu dem Wort »Hoff-

nung« im Titel des Buches?
Die Hoffnung bezieht sich auf einzelne Menschen, die Resignation auf die Menschheit.
Was sagen Sie denen, die aus Ihren neueren Arbeiten einen Rückzug aus der Welt, einen Eskapismus meinen herauslesen zu können?
Nichts. Sie müssen selbst darauf kommen, daß sie einer Täuschung unterliegen, und dazu bedürfen sie bestimmter Erfahrungen. Entweder sie machen sie eines Tages, oder sie machen sie nicht.
Aus einigen Gedichten klingt, so scheint es mir, die Sorge darüber heraus, daß die westlichen Demokratien gefährdet sind. Vor welchen Gefahren wollen Sie warnen?
Am 15. Februar 1981 sagte der Vorsitzende des Staatsrates der DDR, Erich Honecker, an dem Tag, an dem die Werktätigen der Bundesrepublik an die sozialistische Umgestaltung der Bundesrepublik Deutschland gehen würden, werde sich die Frage der Wiedervereinigung völlig neu stellen. Daran, wie man sich dann entscheiden würde, bestehe kein Zweifel ... Anders gesagt: Man würde bei der sozialistischen Umgestaltung der Bundesrepublik deren Werktätige nicht allein lassen. Davor möchte ich warnen; denn daran, was dann kommt, besteht ebenfalls kein Zweifel. Avraham Shifrin, ehemaliger sowjetischer Staatsanwalt, zum Tode verurteilt, zu fünfundzwanzig Jahren begnadigt und jetzt in Israel lebend, veröffentlichte vor kurzem eine Dokumentation über zweitausend sowjetische Lager, Gefängnisse und psychiatrische Kliniken mit politischen Gefangenen. Shifrin sieht diese Lager für die Westeuropäer immer näher kommen. In den sowjetischen Botschaften, schreibt er, lägen Listen von Intellektuellen, die im Falle der Machtergreifung in dem betreffenden Land zu liquidieren seien.
Sind Sie ein politischer Dichter?
Ich stelle mich dem Politischen dort, wo es mich als Autor stellt, wo es ins Existentielle hineinreicht. Aber ich bin kein politischer Autor, kein Autor, der schreibt, um Politik zu machen.
Sie haben gelegentlich für Kinder geschrieben, Ihr Kinderbuch »Der Löwe Leopold« (1970) etwa fand großen Zuspruch und wurde mit dem Deutschen Jugendbuchpreis ausgezeichnet. Und in einigen Monaten erscheint unter

dem Titel »Eine stadtbekannte Geschichte« ein neues Buch für Kinder. Was ist Ihr Motiv, warum schreiben Sie für Kinder?

Weil mir Kindergeschichten einfallen, und weil Kinder nach Geschichten hungern. Hinzu kommt, daß für Kinder zu schreiben heißt, sie fröhlich zu machen und dabei auf die Tragik vorbereiten zu helfen, die das Leben für jeden bereithält.

Wie empfinden Sie die bisweilen gereizt klingende Kritik, die an Ihrem neuen Buch geübt wurde? Sehen Sie darin eine sachliche Auseinandersetzung, oder sind da, nach Ihrer Meinung, auch gelegentlich außerliterarische Dinge mit im Spiel?

Sich über die Motive bestimmter Kritiker zu unterhalten, ist müßig. Außerdem: Ebensowenig wie die Kritiker das letzte Wort haben werden, steht es dem Autor zu. Das letzte Wort hat noch immer die Zeit.

23. April 1983

Hessischer Rundfunk, 2. Programm, Sendung »Der Dialog«.
Das Gespräch führte Karl Corino.

... noch weniger scheue ich den »Beifall auf der falschen Seite«, denn die Wahrheit ist nicht taktisch und nicht funktionell. Daß auch der Gegner sie ausspricht, entwertet sie in keiner Weise; somit gibt es keine falsche Seite. Wer denkt oder schreibt, als ob die Gegner immer und in allem unrecht haben müßten, verteufelt die Welt und mißhandelt die Wahrheit.

Manès Sperber

... Die offizielle DDR hat in Gestalt des Schriftstellerverbandsvorsitzenden Hermann Kant oder auch in der Gestalt eines Rolf Schneider einen energischen und nicht ungeschickten publizistischen Feldzug gegen Sie geführt, etwa nach dem Motto: Der Kunze ist in das Lager der Reaktion abgewandert. Lesen Sie unter diesen Auspizien eigentlich noch die offiziöse DDR-Literatur, die Bücher der Kants und Görlichs, Neutschs und wie sie alle heißen mögen? Und wie steht es umgekehrt mit den Büchern von Christa Wolf, Franz Fühmann, Adolf Endler, Elke Erb, Rainer Kirsch, Karl Mickel, Heinz Czechowski, Wulf Kirsten und wen man da noch nennen mag?

Was den Vorwurf des Übergehens zur Reaktion betrifft, so kann ich nur auf meine Bücher verweisen, die hier entstanden sind und entstehen. Und die Menschen in der DDR, die diese Bücher nicht haben, muß ich auf Herrn Kant verweisen, den sie haben. Was die Bücher angeht, die in der DDR geschrieben werden - von Schopenhauer gibt es das Wort: »Vom Schlechten kann man nie zu wenig und das Gute nie zu oft lesen.« Ich habe die offiziöse Literatur in den letzten Jahren meines DDR-Daseins nicht gelesen und lese sie auch hier nicht. Und die gute Literatur lese ich mit größter Neugier und Anteilnahme. Ich habe als letztes soeben Christa Wolfs »Kassandra« gelesen. Wenn ich etwas von Franz Fühmann oder Wulf Kirsten lesen kann, greife ich sofort danach. Und es findet in diesen Büchern ja auch noch immer ein Dialog statt. Ich weiß nicht, ob Sie das Gedicht »An Freund und Feind« von Czechowski kennen. Es steht in seinem Reclam-Band, der 1982 in Leipzig erschienen ist:

Wie wir das lesen ist unsere Sache:
Jeder gegen jeden, noch immer?
Und der gegen die symmetrische Welt?
Die Wahrheit? Ja! - Doch nicht die ganze.
Sicher: Hier läutet nicht nur die Galle,
Hier wird die Trommel kaum noch gerührt.
Sandkorn um Sandkorn rieselt die Eisenzeit
Ein in das Unsre und in die Welt
Der Schafe und Sterne.
Wir sagen uns Zaubersprüche,
Wir schreiben uns Briefe mit blauen Siegeln -

Wer aber soll das rezensieren?
Wo wir auch hinsehn:
Die goldenen Stühle
Längst schon besetzt
Von Kopien nach Originalen.«

Da wird fast ein halbes Dutzend Schriftsteller genannt, Volker Braun, Adolf Endler, Sarah Kirsch, Johannes Bobrowski, unter anderem auch Sie. Zitat: »Am sanften seil des quells / läutet die galle«. Da werden Sie also ausdrücklich apostrophiert. Beweis dafür, daß da in der Tat noch ein Dialog über die Grenze hinweg stattfindet. Das bringt mich zur nächsten Frage. Wie steht es mit der Verbindung zwischen den Autoren, die seit 1976 so wie Sie in den Westen gekommen sind und nun auf Dauer oder auf kurze Zeit hier leben, sagen wir Wolf Biermann, Günter Kunert, Sarah Kirsch?

Ich kann nur etwas dazu sagen, welche Verbindung zwischen mir und diesen Kollegen besteht. Sie ist nicht enger, als sie es in der DDR war, aber auch nicht weniger kollegial. Das aber ist auf die Mentalität von meiner Frau und mir zurückzuführen. Wir haben immer - wenn Sie so wollen - im Wald gelebt, und wir leben hier wieder im Wald. So ist schon die räumliche Entfernung ein Grund dafür, daß wir nicht häufiger Kontakt zu den Kollegen haben. Außerdem suchen wir uns unsere Freunde nicht nach dem Beruf aus. Wenn Biermann und ich einander treffen, freuen wir uns - ich glaube, beide.

... Sie haben mir einmal erzählt, daß Sie, als Sie noch in der DDR lebten, Teile des Gedichts »Tagebuchblatt 74«, das ein lyrischer Protest gegen die erzwungene Versöhnung mit dem Kollektiv ist, geträumt haben, daß Sie in der Nacht aufwachten und das, was Sie geträumt hatten, nur aufzuschreiben brauchten. Symptom dafür, wie damals Ihr Unterbewußtes, der, sagen wir, sublimale Schaffensgrund, die existentielle Bedrohung in Bilder umsetzte. Gibt es ähnliche Geschenke des Unbewußten auch hier schon in der Bundesrepublik?

Ja.

... Sie haben das Gedicht »Tagebuchblatt 74« zu einem Teil zwar geträumt, aber Sie haben es im Wachsein vollendet. Es ist auch in der Form natürlich eine Kombination

von emotionalen und rationalen Elementen. Das, was dominiert, kann von Gedicht zu Gedicht wechseln, aber ohne eine bestimmte emotionale Beteiligung ist Lyrik wahrscheinlich nur in sehr seltenen Fällen möglich, und gerade die emotionalen Momente sprechen vermutlich auch wieder zu emotionalen Persönlichkeitsschichten im Leser oder Hörer. Ist es dann nicht gerade die Emotion, die es verbietet, daß die Poesie sich in Dienst nehmen läßt? Und auch hier in der Bundesrepublik gibt es ja offensichtlich Leute, die erwarten, daß sich die Poesie sozusagen mit umgekehrten Vorzeichen in Dienst nehmen läßt.

Es entsteht garantiert kein Gedicht, wenn Sie sich nur wünschen, ein Gedicht zu schreiben. Es entsteht auch kein Gedicht, wenn Sie Erlebnisse suchen, um ein Gedicht zu schreiben. Der poetische Einfall, die Verknüpfung von Wirklichkeiten, die Sie bis dahin nie miteinander verknüpft gesehen haben, muß von selbst kommen. Insofern würde ich überhaupt nicht unterscheiden zwischen Emotionalem und Rationalem, sondern zwischen Unbewußtem und Bewußtem. Ihre Erlebnisse müssen so stark sein, und Sie müssen so viel erlebt haben, und Sie müssen mit diesen Erlebnissen über lange Zeit sich auseinandersetzen und nicht anders mit ihnen fertig werden als eines Tages literarisch; und das Signal für den Beginn eines solchen Prozesses ist immer der poetische Einfall. Beispiel: Wir hatten tiefe Eindrücke in Norwegen. Ich kann jetzt nicht, weil es ja auch eine Frage der Zeit ist, viele dieser Erlebnisse schildern.

Es gibt ja Gedichte wie auf die Stabkirche zu Lom oder die Schneestangen ...

Auf das Schneestangen-Gedicht will ich hinaus. Wir waren in Jotunheimen, einem Hochgebirge, wo schon bei sechzehnhundert Metern die Gletscher liegen, und wir waren von bestimmten Reaktionen, von der Introvertiertheit, auch von der scheinbaren Ablehnung vieler Menschen dort betroffen. Nach und nach haben wir aber zu ahnen begonnen, was es heißt, in einer solchen Natur, in solcher Abgeschiedenheit, in solcher Vereinzelung Mensch zu sein. Auf dem Rückweg fuhren wir die Hochgebirgsstraße von Kinsarvik nach Oslo - ich weiß jetzt nicht, wie weit das ist, sagen wir zweihundert Kilometer -, und es war Mitte September. Auf dieser Hochgebirgsstraße, die größtenteils ein Schotter- und Steinweg ist und durch eine

Landschaft führt, die nackt und kalt ist - Geröll mit tiefen Schluchten und eisigen Seen -, auf dieser Hochgebirgsstraße waren bereits die Schneestangen aufgestellt. Am Himmel, der tiefblau war, schossen die Wolken dahin, und man roch den Schnee schon in den Wolken. In dieser riesigen Einsamkeit begleiteten uns also plötzlich die von Menschen aufgestellten Schneestangen, und wir sahen sie ständig aus einer anderen Perspektive, denn wir fuhren steil bergab und bergauf, und der Weg hatte viele Kurven. Die Schneestangen waren das einzig »Menschliche« dort ... Da kam mir während der Fahrt folgende Zeile, folgender Vers, an den ich vorher nie im Leben gedacht hatte - bezogen also auf die Schneestangen -: »Als wollten sie den schnee auffangen / ohne arme«. Ein größeres Ausgesetztsein kann ich mir nicht vorstellen, eine größere Hilflosigkeit, eine größere Ohnmacht, als daß jemand ohne Arme etwas auffangen will, auffangen soll ... Die Verknüpfung von Arm und Schneestange hatte ich bis dahin noch nie gedacht, noch nie gesehen. Ich bin dann entgegen meiner Gewohnheit und zur Überraschung meiner Frau hinausgefahren, habe eine Pause gemacht und mir diesen Vers aufgeschrieben, ohne ihn meiner Frau zu sagen; denn sie ist die erste Leserin, die erste Hörerin eines fertigen Textes und hätte dann die nötige Distanz nicht mehr gehabt, wenn sie den Urpunkt dieses Gedichtes vorzeitig erfahren hätte. Mit diesem Bild war für mich das Signal gegeben, hier könntest du mit einer Seite deines Norwegen-Erlebnisses fertigwerden. Das Bild, der poetische Einfall, muß von selbst kommen, den kann man nicht »herbeiwollen«. Ich weiß nicht, nach wieviel Wochen ich begonnen habe, das Gedicht zu schreiben.

Längst nach Ihrer Rückkehr.

Nach meiner Rückkehr; und dann beginnt natürlich die Arbeit, dann beginnt die Ratio, ihr Teil hinzuzutun. Ich will nur ein einziges Element dieser Arbeit noch schildern: Ich mußte, um das Erlebnis zu fixieren, ins Bild einbringen, wo diese Schneestangen stehen. Es ist ein riesiges Gebirgsmassiv, es ist Gestein, eine große Öde, eine Einöde, es ist eine Einsamkeit, die einen auf sich selbst zurückwirft - das alles hätte ich sagen müssen. Aber das alles hat mit Dichtung nichts zu tun. Es wäre Beschreibung gewesen. Ich weiß nicht, wie lange ich gebraucht habe, bis ich auf ein neues Wort gekommen bin, und dieses

Wort ist nun »herbeigearbeitet«: eine große Einsamkeit, eine Einöde von Steinen, eine steinerne Einöde, eine - »Steinöde«. Und mit diesem Wort hatte ich den Gedichtanfang, die ersten beiden Zeilen - wieder bezogen auf die Schneestangen: »In dieser steinöde werden sie / zu wesen«.

LEERE SCHNEESTANGEN, NORWEGEN, MITTE SEPTEMBER

In dieser steinöde werden sie
zu wesen

Als wollten sie den schnee auffangen
ohne arme

Und jede ganz auf sich gestellt
gegen die übermacht des himmels

> *Die Schilderung dieses Produktionsprozesses macht es einleuchtend genug, daß politische Kommandos von außen eigentlich nur tote Versgeburten hervorbringen können. Sie haben sich ja nicht unbedacht ein Motto von Erasmus von Rotterdam gewählt, nämlich »nulli concedo«, was Sie übersetzen mit »von niemandem vereinnahmbar«. Damit hängt es wohl auch zusammen, daß Sie zu keinem der deutsch-deutschen oder internationalen Friedensgespräche eingeladen werden. Die Crux dieser Friedensgespräche besteht meines Erachtens darin, daß Kontroversen nicht selten von vornherein ausgeklammert werden, daß bevorzugte Parteigänger eingeladen werden, die sich schon von vornherein einig sind. Unter welchen Voraussetzungen würden denn Sie, Herr Kunze, an einem Friedensgespräch teilnehmen, in deutsch-deutschem oder in anderem Rahmen, und was können Schriftsteller überhaupt für den Frieden tun?*

Ich würde unter der Voraussetzung teilnehmen, daß ich überzeugt wäre, dort etwas Wichtiges zu sagen zu haben. Ich glaube aber nicht daran, daß ich als Schriftsteller auf solchen Tagungen den Frieden auch nur um ein Geringes sicherer machen kann. Schriftsteller können den Frieden weniger dadurch sicherer machen, daß sie über ihn reden, als dadurch, daß sie mittels ihrer Bücher - und dann spielt es keine Rolle, wovon das Buch handelt - Menschen sensibilisieren, damit wir alle behutsamer miteinander umgehen. Wenn manche meiner Kollegen meinen, solche Tagungen seien von Belang, und wenn sie wirklich auf diesen Tagungen etwas für den Friedensgedanken leisten, dann kann ich ihnen für ihr Engagement und für die Opfer, die sie dafür bringen, nur danken. Aber sie sollten auch vorleben, wie man behutsamer miteinander umgeht. Das - so scheint mir - können einige jedoch überhaupt nicht. Mancher Heiligenschein kommt mir eher vor wie ein Scheinheiligenschein. Die Diskrepanz zwischen Friedensliebe und Friedfertigkeit macht mich skeptisch ... Wenn ich zu einer solchen Tagung eingeladen werden würde, würde ich wahrscheinlich stumm in der Ecke sitzen.

Herr Kunze, als Gegenbild zu der von Konflikten zerrissenen menschlichen Welt dient Ihnen nicht selten die Natur. Sie haben in einem Gedicht Ihres letzten Gedichtbandes »auf eigene hoffnung« dagegen plädiert, nun auch noch die Landschaft zu instrumentalisieren, daß auch sie dafür oder dagegen sein müsse. Polemisieren wir aber nicht inzwischen als ganze Spezies gegen die Landschaft und gegen die Natur? Und hat das nicht auch Folgen für die dichterische Bildlichkeit? Kann die bedrohte oder zerstörte Natur noch als Gegenbild dienen? Kann das Waldsein, um Sie zu zitieren, noch stattfinden mit uns?

Die Natur bietet auch heute noch Refugien. Der Baum, den wir kränken, kränkt uns heute nicht. Er stirbt. Aber ich habe die Natur noch nie als Fluchtstätte empfunden, sondern immer nur als Zuflucht, um zu mir selbst zu kommen, um arbeiten zu können.

... Welche Erfahrungen haben Sie denn nun in diesem letzten halben Dutzend Jahren mit dem Publikum hier im Westen gemacht?

In der DDR habe ich ein Publikum gehabt, das von der Poesie noch etwas anderes verlangte, als der Poesie zu geben eigentlich zukommt, nämlich über Vorgänge zu informieren, die von anderen Medien, ja sogar eigentlich im Gespräch von Mensch zu Mensch mitgeteilt werden sollten. Ich bin froh, daß es dieser außerliterarischen Funktion der Poesie hier nicht bedarf. Und sonst: Ich hatte dort ein Publikum, das Poesieverständnis hat, und ich habe hier ein Publikum, das Poesieverständnis hat. Ich habe in der DDR in den letzten Jahren aus Greiz fliehen müssen, um arbeiten zu können, weil viele Besucher kamen - am Tag manchmal drei. Ich hätte mich gern jedem gewidmet, aber dann wäre der Arbeitstag weg gewesen. Ich habe dieselbe Freude und dasselbe Problem hier. Ich habe in der DDR mehr Post bekommen, als ich bewältigen konnte, und ich brauche hier fast den halben Arbeitstag, um die Post zu beantworten. Insofern hat sich an meiner Situation wenig geändert. Die Ursachen, weshalb sich Menschen hier an mich wenden, sind andere als in der DDR. Aber auch hier sind es existentielle Ursachen.

An einigen Gedichten läßt sich ablesen, daß Sie in der Tat hier in der Bundesrepublik ähnlich wie in der DDR Gesprächspartner, Ratgeber, vielleicht sogar so etwas wie Beichtvater sind - ich sage das ohne jede depravierende Nebenbedeutung. Vielleich auch so etwas wie ein metaphysischer Sinnstifter, obwohl Sie selbst mehrfach betont haben, daß Ihnen die explizite religiöse Erfahrung fehlt. Aber Sie zitieren ja den Brief eines jungen Mädchens, in dem die berühmten Fragen nach dem Woher und Wohin gestellt werden. Warum sind wir überhaupt auf der Erde und so weiter ... Wie verhält man sich als Autor solchen globalen, einen vielleicht überfordernden Fragen gegenüber, an denen unter Umständen selbst ein Menschenleben hängen kann?

Ich kann nicht für andere sprechen. Ich selbst bin solchen Fragen gegenüber hilflos. Ich habe den Eindruck, manchen Menschen, manchen jungen Menschen hier ist die Fähigkeit verlorengegangen, sich zu freuen. Aber damit ist ihnen der Urgrund des Lebens verlorengegangen, denn letztlich leben wir doch aus der Freude. Wie wollen Sie jemandem helfen, die Fähigkeit wiederzugewinnen, sich zu freuen? Da müssen Sie zumindest ganz nahe mit ihm zusammenleben, und das können Sie nicht mit vielen Menschen. Vorausgesetzt, daß es Ihnen überhaupt gelingt, etwas Wärme abzugeben.

16. Juli 1983

Deutschlandfunk, Sendung »Kultur heute«. Das Gespräch führte Klaus Sauer.

Was ist Nation? Ein großer, ungejäteter Garten voll Kraut und Unkraut. Wer wollte sich dieses Sammelplatzes von Torheiten und Fehlern sowie von Vortrefflichkeiten und Tugenden ohne Unterscheidung annehmen, und wenn es eine bloße Meinung von Seelenkräften oder Verdiensten gilt, für diese Dulcinea gegen andre Nationen den Speer brechen?

Johann Gottfried Herder

Etwas mehr als sechs Jahre ist es jetzt her, daß Sie, Reiner Kunze, die DDR verlassen haben. Sie sind in Greiz wohnhaft gewesen und haben geglaubt, Sie würden die DDR nicht verlassen müssen. Dann gab es diskriminierende, nahezu entwürdigende Behandlungen durch die Behörden der DDR, denen Sie sich durch die Ausreise in die Bundesrepublik entzogen haben. Nun fragt man sich heute, stehen Sie noch mit Freunden in Kontakt? Aber auch: Gibt es so etwas wie ein Repertoire an Eindrücken und Erfahrungen, die aus jenen Jahren herrühren, und die Sie nach wie vor beschäftigen?

Meine Augen haben drüben sehen gelernt, und Augen, die drüben sehen gelernt haben, sehen manches hier nicht, das Augen sehen, die hier sehen gelernt haben. Aber sie sehen auch manches, das Augen, die hier sehen gelernt haben, nicht sehen, noch nicht sehen oder nicht mehr sehen. Die Biographie reicht also bis in die Aneignung der Welt hinein. Ich kann nicht fünfundvierzig Jahre Leben, von denen dreißig bewußt in der DDR oder im Osten Deutschlands stattgefunden haben, aus meinem Leben plötzlich verlieren. Abgesehen davon, daß ich die Eltern dort habe, und abgesehen davon, daß uns viel liegt an unseren Freunden.

Ist es eigenlich ein Glücksfall oder ein Trauerspiel, daß jemand - noch dazu ein Schriftsteller, dessen Medium die Sprache ist - von Deutschland nach Deutschland gehen kann ...?

Wenn ich das Schicksal meiner tschechischen Kollegen sehe, meiner polnischen Kollegen, meiner russischen Kollegen, die emigrieren mußten oder emigriert sind, dann ist es in der Tat ein Glücksfall, daß ein Schriftsteller, dessen Existenz in der DDR bedroht ist, in Deutschland bleiben kann, in seiner Sprache, in der kulturellen Tradition ... Was ist mir denn in dieser Beziehung widerfahren? Ich habe als Schriftsteller alles behalten, was ich als Schriftsteller im ureigensten Sinn brauche. Abgesehen davon, daß sich einem Menschen, der versucht, in die Gespräche der führenden Geister seiner Zeit hineinzuhören, hier ein viel größerer geistiger Horizont auftut als in der DDR. Allein schon durch die Möglichkeit, die Bücher zu lesen, die er lesen will. Wir, meine Frau und ich, haben bestimmte große Philosophen, bestimmte große historische Werke hier zum erstenmal lesen können - mit fünfundvierzig Jahren! Wir können uns hier die Gesprächspartner aussuchen, mit denen wir sprechen möchten. Das können Sie, wenn die Gesprächspartner oder Sie die Staatsgrenze nicht überschreiten dürfen, in der DDR nicht oder nur in geringerem Maße. Ihr geistiger Horizont ist dort zwangsläufig eingeengter. Hinzu kommt der Erlebnishorizont. Es ist schon etwas anderes, einmal in Amerika gewesen zu sein und dann zurückzukommen nach Passau, in eine Barockstadt. Man bekommt andere Maßstäbe. Und was die eigentliche Arbeit betrifft: Wir waren auch in der DDR glücklich. Ich hatte dort meine Frau, wir hatten unsere Kinder, wir hatten unsere Freunde, und es wäre absurd zu sagen, dort könne ein Mensch nicht glücklich sein. Aber diese Glücksmomente sind von den großen politischen Sorgen, von dem Druck, von der ideologischen Indoktrination, die Tag für Tag bis in den innersten Bereich der Familie hineinwirkt, weggedrückt worden. Insofern ist, glaube ich, das, was bis jetzt hier entstanden ist, reicher geworden an Tönen, überhaupt reicher geworden.

Reiner Kunze, nach über sechs Jahren in der Bundesrepublik ist die Frage wohl erlaubt, in welchem Maße Sie sich in Westdeutschland akklimatisiert haben. Gab es da Schwierigkeiten? Fühlen Sie sich - es fällt mir schwer, das zu formulieren - als ein veritabler Bürger dieser Bundesrepublik?

Für Hörer, die in der DDR eventuell zuhören, muß ich vorausschicken, daß auch nicht eine einzige Faser zerschnitten ist, die uns mit unserem vergangenen Leben verbindet, die uns mit Menschen verbindet, zu denen wir es, als wir noch dort lebten, nahe hatten. Nur: Wenn wir schon hier sein müssen, dann *will* ich auch hier sein, und dann will ich *hier* Schriftsteller sein.

War es schwierig, dahin zu gelangen?

Ich habe mich, das werden Sie vielleicht bemerkt haben, die ersten Jahre sehr zurückgehalten. Ich halte mich auch heute zurück, aber in meinen Urteilen kann ich heute schon ein ganz klein wenig weitergehen. Nach sechs Jahren Leben hier kann man anders urteilen als nach drei Jahren. Aber ich habe mich in den ersten Jahren besonders zurückgehalten und auch nicht danach gedrängt zu schreiben. Ich habe gewartet, bis sich soviel an Erleben angesammelt hatte, daß sich die Bilder wieder einstellten, daß die Einfälle kamen, daß ich wieder nicht anders fertig wurde mit dem Erlebten als schreibend, daß ich wieder nur schreibend Haltung gewinnen und mein Leben nur über das Schreiben intensivieren konnte. Natürlich war es schwierig, wir mußten uns ja in eine andere Welt hineindenken, in andere gesellschaftliche Bedingungen, in Umstände, die auch uns wieder verändert haben. Ich habe es hier beispielsweise mit einem Markt zu tun. Ich kann aber heute sagen, mit gutem Gewissen sagen, der Buchmarkt hat nicht den geringsten Einfluß auf das, was ich schreibe, oder darauf, wie ich schreibe und wie langsam oder wie schnell ich schreibe. Die Kriterien des Marktes wären ja ebenso außerliterarische Kriterien, wie es die Kriterien der Ideologie sind. Aber ich kann nicht ohne den Markt leben. Ich muß also den Markt akzeptieren, ohne daß ich ihm auch nur den geringsten Einfluß zubillige auf die Substanz dessen, was ich tue.

Zu den zweifellos bedrückendsten und vielleicht auch irritierendsten Erfahrungen in der Bundesrepublik gehört sicher der Eindruck, den der westdeutsche Schriftstellerverband, der VS, auf Sie gemacht hat. Nun möchte ich nicht die Geschichte Ihres Austritts, der ja ursprünglich gleichsam lautlos vor sich gehen sollte, aber ein überraschendes Echo fand - auch mit den Nachfolgeaustritten vieler anderer Kollegen, bei denen man es mitunter gar nicht vermutet hätte, daß sie da engagiert waren - das alles möchte ich nicht von neuem mit Ihnen zu besprechen versuchen. Mich interessiert daran eigentlich nur eines: Irritiert, ja besorgt waren Sie vor allem darüber, daß der Vorsitzende des Schriftstellerverbandes, Bernd Engelmann, bei der ersten Berliner Begegnung im Dezember 1981 in Ostberlin dafür plädiert hat, den Wiedervereinigungsanspruch preiszugeben. Sie fanden das grundfalsch. Für mich bleibt da aber immer noch die Frage, wie man denn von hier aus umgehen soll mit der DDR? Auch und gerade dann, wenn man ideologisch, wenn man weltanschaulich ganz andere Positionen innehat. Muß man nicht trotzdem versuchen - gerade mit Blick auf die mitten durch Deutschland gehende Grenze, die ja zugleich eine Grenze zwischen den Blöcken ist -, so viel Normalität wie möglich im Umgang miteinander herzustellen, was man zweifellos nur um den Preis kann, daß man nicht bei jeder Gelegenheit der DDR, der politischen DDR, ihrer Regierung, ihren Organen vorwirft, daß die DDR ein undemokratisches Regime ist? Und muß man nicht um der Menschen willen, die dort leben, den Versuch machen, trotzdem so viel Kontakte, Verbindungen und Bindungen wie irgend möglich aufrechtzuerhalten?

Ich gestatte keinem Schriftsteller, der im Namen des Verbandes auftritt, dem ich angehöre, Menschen in der DDR vorzuschreiben, was sie sich zu wünschen haben und was nicht. Die Hoffnung, durch eine friedliche Wiedervereinigung für ihre Kinder oder Kindeskinder die menschlichen Grundrechte wiederzuerlangen, diese Hoffnung vieler Menschen in der DDR als friedensgefährdend zu denunzieren - das konnte ich nicht mit tragen. Im übrigen bin ich ganz Ihrer Meinung. Man soll so viel wie möglich an Kontakten herstellen und pflegen. Aber jetzt muß ich etwas sagen, das ich immer wieder habe spüren können, als ich noch in der DDR lebte: Nur wenn Sie Rückgrat zeigten und tatsächlich keine Angst hatten, wenn Sie Ihre Angst also überwunden hatten - und davon mußte Ihr Partner überzeugt sein -, nur dann hatten Sie eine Chance, ernstgenommen zu werden. Das ist eine Erfahrung, die sich immer wieder bewahrheitet hat. Nur derjenige, der seinen Standpunkt nicht opportunistisch preisgab und ihn - selbstverständlich so anständig und so logisch wie möglich - verteidigte, und der sich von niemandem einschüchtern ließ, konnte damit rechnen, daß ihm sein Gegenüber vielleicht ein Stück entgegenkam, wenn auch zähneknirschend oder erst nach drei Jahren. Dieses Rückgrat sollte man immer zeigen.

11. Oktober 1983

Österreichischer Rundfunk, 1. Programm, Sendung »Literaturmagazin«. Fragen: Petra Herrmann

Ich habe mich des geflissen ym dolmetzschen, das ich rein und klar teutsch geben möchte, und ist uns wol offt begegnet, das wir viertzehen tage, drey, vier wochen haben in einiges Wort gesücht und gefragt, habens dennoch zu weilen nicht funden. Und ich weis nicht, ob man das wort »liebe« auch so hertzlich und gnugsam in Lateinischer oder andern sprachen reden müg, das also dringe und klinge ynns hertz durch alle sinne, wie es thut in unser sprache.

Martin Luther

Sprecher: *Jan Skácel studierte an der Universität Brünn Slawistik und war Kulturredakteur bei einer Brünner Tageszeitung, ehe er 1952 aus politischen Gründen entlassen wurde. Zwei Jahre schlug er sich als Hilfsarbeiter in einer Traktorenfabrik durch. Zwischen 1954 und 1963 arbeitete er als Literaturredakteur im tschechoslowakischen Rundfunk. Bis 1968 veröffentlichte Skácel, dessen Lyrik mit der Dichtung Georg Trakls und Peter Huchels verglichen wurde, fünf Gedichtbände und einen Prosaband. Danach durfte er elf Jahre nicht publizieren. 1981 wurde in der Tschechoslowakei erstmals wieder eine Auswahl von ihm herausgegeben.*

Reiner Kunze, Sie haben Jan Skácel nicht zum erstenmal übersetzt. 1967 ist bereits ein Auswahlband unter dem Titel »Fährgeld für Charon« erschienen. Jetzt, 1982, kam der Band »Wundklee« heraus. Welchen Stellenwert messen Sie Jan Skácel innerhalb der tschechischen und der internationalen Literatur bei?

Soweit ich mir dieses Urteil überhaupt erlauben darf, ist Skácel neben Jaroslav Seifert der bedeutendste Lyriker, der heute in der Tschechoslowakei lebt. Und indem ich ihn neben Seifert stelle, heißt das für mich, daß er ein Dichter von Weltrang ist. Sein Dichten gilt den Grundfragen der menschlichen Existenz, und es ist von einer Bildkraft und Bildfülle, die man bei nur wenigen Dichtern heute finden wird. Ich sage, er ist ein Dichter von Weltrang, nicht von Weltruhm. Rang muß ja bekanntlich nicht immer Ruhm zur Folge haben, wie Ruhm nicht immer auf Rang beruhen muß.

Woran liegt es denn Ihrer Meinung nach, daß Skácel im Ausland nur sehr wenige Kenner lesen oder überhaupt kennen?

In der östlichen Hemisphäre liegt es daran, daß er in der Tschechoslowakei zehn Jahre nicht hat publizieren dürfen. Das Buch, das 1981 von ihm erschienen ist, »Dávné proso« (man könnte es mit »Hirse lang ist's her« übersetzen), dieses Buch enthält auch nur eine kleine Auswahl der Gedichte, die er in diesen zehn Jahren geschrieben hat. In der östlichen Hemisphäre kann man ihn also nicht kennen, oder man durfte ihn nicht zur Kenntnis nehmen. Die westliche Öffentlichkeit lebt von Augenblick zu Augenblick, und der Augenblick ist eine zu kurze Zeit für ein Gedicht, insbesondere für ein Gedicht von Rang. Es sei denn, daß politische Sensationen Gedichte mit ins Bewußtsein spülen, und daß dann bestimmte Dichter im Augenblick »in« sind. Aber das tschechische Volk liefert seit ca. fünfzehn Jahren kaum noch Sensationen, es ist uninteressant geworden. Und seine Dichter, wenn sie nichts anderes zu bieten haben als Gedichte, sind nicht »in«.

Sie sagen, es sind vor allem gesellschaftliche, politische Gründe, die Skácel hier so unbekannt sein lassen. Gibt es auch Gründe, die im Gedicht selbst liegen?

Ich möchte nicht falsch verstanden werden. Ich sage nicht, es sind vor allem politische Gründe, sondern es sind auch politische Gründe. Selbstverständlich liegen die Hindernisse auch im Gedicht als solchem. Ein Gedicht so aus einer fremden Sprache in die eigene zu übersetzen, daß es in der eigenen Sprache wieder ein Gedicht wird und man ihm nicht anmerkt, daß es nicht in dieser Sprache geschrieben worden ist, und es so zu übersetzen, daß die Übersetzung dem Original so nahe wie möglich kommt und ein Gleiches und zugleich Gleichwertiges entsteht, setzt als Übersetzer einen Lyriker voraus. Das ist zumindest meine Beobachtung über Jahrzehnte. Je ausgefallener eine Sprache aber ist, desto geringer ist die Wahrscheinlichkeit, daß aus ihr Gedichte übertragen werden. Wie viele Slawisten, die Tschechisch können, sind Lyriker? Oder anders gefragt: Wie viele Lyriker anderer Nationen können Tschechisch? Ich weiß, es gibt noch die dritte Möglichkeit, daß Slawist und Lyriker zusammenarbeiten, daß man mit Hilfe von Linearübersetzungen nachdichtet. Aber wie viele finden sich zusammen und investieren dort zu zweit, wo schon der Nachdichter verhungern müßte? Der Dichter als Nachdichter ist jedoch nur eine von vielen Voraussetzungen für das Übertragen von Gedichten, und bei Skácel häufen sich die Hindernisse. Skácels Poesie korrespondiert ganz intensiv mit der tschechischen Volkspoesie, mit dem Volkslied, mit dem Volksleben, und man müßte, damit all die Nuancen, Anspielungen und Assoziationen im Deutschen aufgehen, diesen Hintergrund mit übersetzen. Das geht aber nicht. Man kann sich auch nur in Ausnahmefällen auf deutsche Volkslieder beziehen. Erstens sind sie kaum noch lebendig, und zweitens haben sie einen anderen Charakter, sind sie von einer anderen Mentalität geprägt. Eine tschechische »studánka« ist nicht der deutsche »Brunnen vor dem Tore«, und auch das Lied »Wenn alle Brünnlein fließen« reicht einem nicht das Fadenende, an das man anknüpfen möchte. Es geht da um Nuancen von Zartheit, Heiterkeit, Wärme ...

22. Dezember 1983

Österreichisches Fernsehen, 2. Programm, Sendung
»Jour fixe«. Das Gespräch führte Wolfgang Kraus.

Bei dem ewigen Beweisen und Folgern verlernt das Herz fast zu fühlen ...

> Heinrich von Kleist

... Sie haben den ersten überwiegenden Teil Ihres Lebens in einer völlig anderen Gesellschaft gelebt, und jetzt sind Sie hier. Was erscheint Ihnen hier als das Gefährliche hinsichtlich der Wirkungsmöglichkeit von Literatur?

Erst einmal alles, was dem Lesen selbst entgegensteht - darüber haben wir bereits gesprochen. Dem Lesen selbst steht eventuell auch noch das Konsumdenken entgegen, die Orientierung auf das Ding, nicht auf den Geist. Was der Wirkung von Literatur ferner entgegensteht, sind im Osten die Indoktrination und die nackte Macht, die gegen das Buch aufgeboten wird, und im Westen - und jetzt spreche ich von Erfahrungen in der Bundesrepublik Deutschland, ich kann hier nicht verallgemeinern -, im Westen ist es die Tatsache, daß immer mehr Bereiche des Lebens ideologisiert werden, daß die Ideologisierung des menschlichen Lebens so zunimmt, daß man nur noch das anzunehmen bereit ist, was der eigenen Ideologie entspricht.

Merken Sie das stark hier im Westen?

Das merke ich sehr stark, und diese Ideologisierung hat Folgen: Einmal geht der künstlerische Maßstab verloren - der *künstlerische* Maßstab -, und zum anderen wird man unfähig, ein Kunstwerk aufzunehmen, Kunst zu erleben. Sie erwähnten vorhin Majakowski. Maria Gräfin Rasumowsky, Ihre Wienerin, hat ein Buch über die Zwetajewa herausgebracht, und in diesem Buch zitiert sie das Protokoll eines erweiterten Plenums des russischen Schriftstellerverbandes aus dem Jahre 1929. In diesem Protokoll sagt Majakowski: Alles, was sich gegen die Sowjetunion richtet, gegen uns richtet, hat keine Daseinsberechtigung, und deshalb - und da polemisiert er gegen Zwetajewa, die die Gedichte eines russischen Dichters gelobt hatte (mir fällt jetzt sein Name nicht ein) - und deshalb also, sagt Majakowski weiter, ist es unsere Aufgabe, alles, was nicht für uns ist, als so schlecht wie möglich hinzustellen.

Das ist ja die totale Politisierung der Literatur.

Aber das ist heute im Westen durch die Ideologisierung auch schon Methode.

Und Sie haben das Gefühl, daß diese Ideologisierung hauptsächlich in eine Richtung geht, die Ihnen wohlbekannt ist, die also auch diese Einseitigkeit und politische Prägung zeigt?

Mehr in eine bestimmte Richtung, ja; aber ich muß sagen, alle

Ideologien streben danach zu vereinnahmen und abzulehen, was nicht ihrer Sinneshaltung entspricht.

Wir haben aber doch auf der anderen Seite die Tatsache, daß die ganze Technik, die Information, die Massenmedien auch in den Dienst des Buches gestellt werden, mit dem der Einzelne wieder für sich allein ist, also die eigene Individualität ausbilden und sich, wie Sie sagten, durch Lesen der Vermassung erwehren kann.

Ich gebe Ihnen ja recht. Mir geht es nur darum, daß wir uns nicht in dem Selbstgefühl sonnen, wie *viel* Literatur heute bewirken kann. Da bin ich nämlich sehr skeptisch. Wir haben gesagt, was dem Lesen entgegensteht, und das ist sehr viel - wir wollen das Fernsehen nicht unterschätzen -, und wir haben gesagt, was der Wirkung von Literatur aus politischen Gründen, aus ideologischen Gründen, aus Gründen der Indoktrination entgegensteht, und zwar in Ost und in West. Aber es geht weiter. Ein anderer Grund, der der Wirkung von Literatur entgegensteht, ist, daß man von der Literatur wegerzieht. Ich denke jetzt an die Schule.

Wie würden Sie das charakterisieren?

Zugespitzt gesagt: Wenn ich Weltkulturminister wäre, würde ich ein Dekret erlassen - dann würde ich sofort zurücktreten -: Ich würde weltweit die Lehrerfrage verbieten: Was wollte uns der Dichter damit sagen? In dieser Frage stecken zwei Gefahren: Einmal, das literarische Werk wird auf eine gedankliche Aussage reduziert, wird auf den Begriff gebracht und damit zerstört. Alles, was ein literarisches Kunstwerk bewirken kann, bewirkt es über die Sinnesvorstellung, an der alle fünf Sinne mehr oder weniger beteiligt sind. Es erregt, es kann zu Erschütterungen führen, es ruft Gefühle hervor, erzeugt Stimmungen ... Das alles wird zerstört, wenn man es auf eine Sentenz reduziert. Und meine Erfahrung ist, daß diejenigen, die ein Gedicht auf den Begriff zu bringen versuchen, sehr schnell auch einen Menschen auf den Begriff bringen. Und das zweite, was in dieser Frage steckt, ist: Was wollte uns - uns! - der Dichter damit sagen ... Also: Alle Kunst ist ein pädagogisches Exempel. Die Welt besteht aus Lehrern und Schülern, und in diesem einen Fall wird dem Schriftsteller gewissermaßen die Ehre zuteil, zum Lehrer erhoben zu werden, während er im anderen Fall, wenn die Lehrer zu einer bestimmten Art Germanisten gehören, sehr schnell zum Schüler werden kann ... Und auch das ruiniert das Literaturverständnis, auch das kann fürs ganze Leben den Zugang zur Literatur, zur Kunst verbauen, auch das steht der möglichen Wirkung von Literatur entgegen.

Und diese mögliche Wirkung würden Sie also darin sehen, daß sie über die fünf Sinne geht und sich in der Individualisierung des Lesers ausdrückt.

Ja, das ist ja das Eigentliche, das unter anderem macht ja ein Kunstwerk zum Kunstwerk. Hätte der Dichter das sagen wollen, was solche Lehrer zu hören wünschen, hätte er es gesagt und kein Gedicht geschrieben.

Oder keinen Roman ... Das ist sicherlich eine Gefahr, die es heute in der Praxis tausendfach gibt ... Eine solche Haltung, wie Sie sie der Literatur gegenüber einnehmen - meines Erachtens völlig zu Recht einnehmen - eine solche Haltung bewirkt natürlich auch, daß sich ein Mensch, der so denkt, anders in einer Gesellschaft bewegen wird als einer, der die Literatur und den Menschen auf den Begriff reduziert.

Sie zitieren in Ihrem Buch »Nihilismus heute« einen Schüler Bakunins, Netschajew, der sagt: Es müssen die schwächenden Gefühle wie - ich bringe sie jetzt nicht alle zusammen - Liebe, Freundschaft, Dankbarkeit ...

Sogar Ehre!

... ja, sogar Ehre - diese schwächenden Gefühle müssen unterdrückt, ausgerottet werden um der kalten Leidenschaft willen, die die revolutionäre Sache erfordert. Literatur, Kunst überhaupt, bildet die Phantasie aus, fördert das Vorstellungsvermögen, das heißt, sie ermöglicht es nicht nur, etwas nachzuerleben und nachzuempfinden, sondern sie ermöglicht es auch, etwas vorauszuempfinden und gegebenenfalls Hemmungen zu festigen ... Und es ist ein Grundirrtum der westlichen Rezeption von Literatur (wenn ich es einmal so verallgemeinernd sagen darf - natürlich gibt es viele Menschen, die Literatur völlig angemessen rezipieren), es ist ein Grundirrtum anzunehmen, ein literarisches Werk oder ein Kunstwerk überhaupt wirke nur dann antitotalitär, wenn es sich gegen ein totalitäres Regime richtet. Ein Kunstwerk wirkt antitotalitär, weil es ein Kunstwerk ist, weil es die schwächenden Gefühle - denn was schwächen sie denn, sie schwächen die Fähigkeit, brutal zu sein, die

Fähigkeit, über den Menschen hinweg zu handeln - weil es die schwächenden Gefühle am Leben erhält und die Menschen sensibler macht.

Reiner Kunze
Geboren 1933 in Oelsnitz/Erzgebirge; Bergarbeitersohn. Studium der Philosophie und Journalistik an der Universität Leipzig (Staatsexamen in Literatur-, Musik- und Kunstgeschichte; Diplom-Journalist). Von 1955 bis 1959 wissenschaftlicher Assistent mit Lehrauftrag an der Universität Leipzig; unmittelbar vor der Promotion aus dem Universitätsdienst ausgeschieden, Hilfsschlosser im Schwermaschinenbau. Seit 1962 freiberuflicher Schriftsteller (Lyrik, Prosa, Nachdichtungen aus dem Tschechischen). 1977 Übersiedelung von der Deutschen Demokratischen Republik in die Bundesrepublik Deutschland; lebt in Obernzell-Erlau (Niederbayern). - Er ist Mitglied der Bayerischen Akademie der Schönen Künste, der Akademie der Künste, Berlin, und der Deutschen Akademie für Sprache und Dichtung. Er erhielt Literaturpreise in der Tschechoslowakei, in Schweden, Österreich und der Bundesrepublik Deutschland, hier u.a. den Deutschen Jugendbuchpreis (1971), den Literaturpreis der Bayerischen Akademie der Schönen Künste (1973), den Georg Büchner-Preis (1977), den Geschwister-Scholl-Preis (1981) und den Eichendorff-Literaturpreis (1984).
Auswahl in der Bundesrepublik Deutschland erschienener Bücher:
Der Löwe Leopold, fast Märchen, fast Geschichten, S. Fischer 1970; Die wunderbaren Jahre, Prosa, S. Fischer 1976; Auf eigene Hoffnung, Gedichte, S. Fischer 1981; Gespräch mit der Amsel, einbändige Neuausgabe früher Gedichte gemeinsam mit den Lyriksammlungen »Sensible Wege« (Originalausgabe 1969) und »Zimmerlautstärke« (Originalausgabe 1972), S. Fischer 1984. - Übersetzungen: Jan Skácel, Wundklee, Gedichte (aus dem Tschechischen), S. Fischer 1982.

Die Interviews wurden für den Druck geringfügig überarbeitet. Die Gespräche vom 16.10.1979, 23.4.1983 und 22.12.1983 sind in gekürzter Fassung wiedergegeben.

Der Verleger dankt der Chefredaktion der »Süddeutschen Zeitung« für die freundliche Genehmigung zum Abdruck des Fotos. (Es zeigt Reiner Kunze während des Interviews fünf Tage nach Übersiedlung in die Bundesrepublik Deutschland und wurde erstmals in der »Süddeutschen Zeitung« vom 20.4.1977 veröffentlicht).

Original-Buchausgabe:
1. Auflage 1 - 1 500 Exemplare April 1984
2. Auflage 1 500 - 3 000 Exemplare November 1984

Dieses Exemplar hat die Nummer:

Erschienen 1984 in der Edition Toni Pongratz
                              Am Kalvarienberg 4
                              D-8395 Hauzenberg
Satz und Druck: Emil Walter, Passau
© by den Autoren

ISBN 3-923313-20-9